AF312048

VENTE DU MERCREDI 6 JUIN 1883

ESTAMPES

ANCIENNES

DE L'ÉCOLE FRANÇAISE DU XVIIIᵉ SIÈCLE

EN NOIR ET EN COULEUR

CHASSES — COURSES — PIÈCES HISTORIQUES

EAUX-FORTES MODERNES, DESSINS

GRAVURES EN LOTS

DONT LA VENTE AURA LIEU

HOTEL DES COMMISSAIRES-PRISEURS, RUE DROUOT, Nº 9

SALLE Nº 4

Le Mercredi 6 Juin 1883, à une heure et demie précise.

Mᵉ **MAURICE DELESTRE**

COMMISSAIRE-PRISEUR

Rue Drouot, nº 27.

M. **L. DUMONT**

MARCHAND D'ESTAMPES

Quai des Grands-Augustins, 21

PARIS — 1883

VENTE DU MERCREDI 6 JUIN 1883

ESTAMPES

ANCIENNES

DE L'ÉCOLE FRANÇAISE DU XVIIIe SIÈCLE

EN NOIR ET EN COULEUR

CHASSES — COURSES — PIÈCES HISTORIQUES

EAUX-FORTES MODERNES, DESSINS

GRAVURES EN LOTS

DONT LA VENTE AURA LIEU

HOTEL DES COMMISSAIRES-PRISEURS, RUE DROUOT, N° 9

SALLE N° 4

Le Mercredi 6 Juin 1883, à une heure et demie précise.

Me **MAURICE DELESTRE**
COMMISSAIRE-PRISEUR
Rue Drouot, n° 27.

M. L. DUMONT
MARCHAND D'ESTAMPES
Quai des Grands-Augustins, 21.

PARIS — 1883

CONDITIONS DE LA VENTE

Elle sera faite au comptant.

Les acquéreurs payeront *cinq pour cent* en sus des enchères.

L'ordre du Catalogue sera suivi.

DÉSIGNATION

ESTAMPES

ALDEGRAVER

1 — Les travaux d'Hercule. Trois pièces, Très belles épreuves.

AUVRAY

2 — Adélaïde, la bergère des Alpes, en couleur. Très belle épreuve, marges.

B (Le maître au)

3 — Sacrifice au dieu Pan. Deux pièces dont une copie. Belles épreuves.

4 — Sainte Famille, d'après Raphaël. Belle épreuve.

BARTOLOZZI

5 — L'Amour suppliant, — L'Amour menaçant. Deux pièces, d'après A. Kauffmann. Très belles épreuves, toutes marges.

BAUDOIN

6 — Le Carquois épuisé, par de Launay. Belle épreuve remargée.

7 — Annette et Lubin, par Ponce. Belle épreuve.

8 — La Sentinelle en défaut, par de Launay. Très belle épreuve.

BELLAY

9 — Antonia. Très belle épreuve.

BENTELY

10 — Le Portrait de l'Amant, d'après Van Gorp. En couleur. Très belle épreuve, grandes marges.

BERGHEM-DUJARDIN

11 — Animaux. Cinquante-cinq pièces.

BINET

12 — Le Chasseur, — La Laitière. Deux pièces. Belles épreuves, toutes marges.

BLOÉMART

13 — Sujets champêtres. Quatre pièces sur la même feuille. Très belle épreuve, marges.

BOILLY

14 — La petite Famille, — Economie politique, etc. Trois pièces.

BONNET

15 — Vénus au bain. En couleur. Belle épreuve, marges.

16 — La Vestale. Très belle épreuve, marges.

17 — Modes. Trois pièces. Belles épreuves.

18 — Têtes de jeunes filles, etc. Quatre pièces. Belles épreuves.

BOREL

19 — La Triple ivresse. Très belle épreuve, toutes marges.

20 — L'Allaitement maternel encouragé, — L'Espérance soutient le malheureux. Deux pièces. Belles épreuves.

BOUCHER

21 — Vénus aux Colombes, aux trois crayons, par Bonnet. Belle épreuve.

BOUCHER

22 — Jupiter et Calisto, par Gaillard. Très belle épreuve, marges.

23 — L'Agréable leçon, etc. Quatre pièces.

BRACQUEMOND

24 — Un Figurant, — Le Battant de porte. Deux pièces. Belles épreuves avant la lettre sur japon.

25 — L'Inconnu, — Le Corbeau, etc. Trois pièces. Belles épreuves.

BRION

26 — Illustration pour les *Misérables*, de Victor Hugo. Seize pièces.

BRY (Th. de)

27 — Le Triomphe de Bacchus. Pièce en forme de frise. Très belle épreuve.

CALLOT

28 — Les Gueux, — la Noblesse. Dix-huit pièces.

29 — Les Misères de la guerre et divers. Quinze pièces.

CANALETTI

30 — Vues. Cinq pièces et le titre in-fol en largeur. Belles épreuves.

CARICATURES

31 — La Contre-Révolution. Pièce curieuse. Belle épreuve.

32 — Grande Armée du ci-devant prince de Condé. In-fol. en largeur. Belle épreuve.

33 — Défaite des contre-révolutionnaires. In-fol. en largeur. Belle épreuve.

34 — La grande Aiguiserie royale de poignards anglais. In-fol. en largeur. Colorié. Très belle épreuve, marges.

35 — *Gillray.* — Dilettanti theatrical. Très belle épreuve coloriée.

CARICATURES

36 — Middlesex election, — Assemblée nationale. Deux pièces. Belles épreuves coloriées.

37 — M. et Mme Denis, — Cockney, etc. Dix pièces. Belles épreuves coloriées.

38 — A Morning ride. Très belle épreuve coloriée.

39 — La Folie du jour ou les Apprêts du bal. Colorié. Très belle épreuve, marges.

40 — Café du jardin des Tuileries, — Harmony, — Les Musards de la rue du Coq, etc. Trois pièces. Belles épreuves coloriées.

CHARDIN

41 — Sans souci, sans chagrin, par Lépicié. Très belle épreuve, marges.

42 — Les Amusements de la vie privée, par Surugue. Très belle épreuve, marges.

43 — Le Négligé ou la Toilette du matin, par Lebas. Belle épreuve, marges.

44 — Le Jeu de l'oie, par Surugue. Belle épreuve.

CHASSES

45 — *O. de Penne.* — Chasse à courre. Suite de quatre pièces. Grand in-fol. en largeur coloriées.

46 — *Alken.* — The Right sort, — The Wrong sort. Deux pièces. Petit in-fol. en largeur. Coloriées.

47 — *Alken.* — Chasse au renard. Trois pièces in-fol. en largeur. Coloriées.

48 — *Alken.* — Chasses au renard. Quatre pièces in-fol. en largeur. Coloriées.

49 — *Ferneley.* — Le Cerf à l'eau, — La Mort du cerf. Deux pièces grand in-fol. en largeur, Coloriées.

CHASSES

50 — *Davey*. — Chasse au cerf. Deux pièces grand in-fol. en largeur.

51 — *Scott*. — Le Renard découvert, — Mort du renard. Deux pièces grand in-fol. Coloriées.

52 — *Biard*. — Chasseurs attaqués par des ours, etc. Trois pièces in-fol. en largeur.

53 — *Ansdell*. — Chasses, — Chiens courants, etc. Quatre pièces in-fol. en largeur.

54 — *Collett*. — Renard poursuivi, — Chiens courants. Trois pièces in-fol. en largeur.

55 — *Davis et Hunt*. — Chasses. Deux pièces grand in-fol. en largeur. Coloriées.

56 — *Turner et Hunt*. — Chasses au renard. Quatre grandes pièces in-fol. en largeur. Coloriées.

57 — *Jones*. — Foxhunter, — Vue de Windsor, etc. Trois pièces in-fol. en largeur. Coloriées.

58 — *Boucher, Vanloo*. — Chasses. Quatre pièces.

59 — *Adam (V.)*. — Chasses diverses. Cinq pièces in-fol. Coloriées.

60 — *Grenier*. — Chasses au loup, au faisan, etc. Trois pièces in-fol. en largeur. Coloriées.

61 — *Oudry*. — Chasses. Quatre pièces.

62 — *Herring*. — Le rendez-vous, — Le lancé, — La Chasse, — La mort. Quatre pièces in-fol. en largeur. Coloriées.

CHEDEL

63 — Noce de Village. Très belle épreuve. Grandes marges. Rare.

CIARTRES

64 — Chasses anciennes. Cinq pièces. Belles épreuves.

COCHIN

65 — Convalescence de Louis XIV. Très belle épreuve avant la lettre, marges.

66 — Tombeau du diacre Paris, — Tombeau de J.-J. Rousseau, de Mme Laughans. Trois pièces. Belles épreuves.

67 — L'Enlèvement des Sabines, etc. Trois pièces.

COSTUMES

68 — Costumes par Pauquet, Gavarni, etc. Douze pièces coloriées.

69 — Costume parisien, — Acteurs, etc. Vingt-cinq pièces.

70 — Costumes militaires français et étrangers. Trente-cinq pièces.

71 — Costumes français et divers. Seize pièces.

CUCINOTTA

72 — Femme couchée d'après J. Lefebvre. Très belle épreuve avant la lettre.

DAUBIGNY

73 — Les Vendanges. Belle épreuve avant la lettre, sur japon.

DEBUCOURT

74 — Le Compliment ou la Matinée du jour de l'an, en couleur. Très belle épreuve, marges.

75 — Intérieur d'une salle à manger, — Intérieur d'une cuisine. Deux pièces d'après Drolling. Très belles épreuves en couleur.

DEMARTEAU

76 — Mariage du dauphin d'après Guérin, pièce allégorique. Petit in-fol. en hauteur. Très belle épreuve, marges.

DIVERS

77 — Les Fruits de l'hymen, — Les Vapeurs, — Le Médecin.
Trois pièces. Belles épreuves, marges.

78 — Sujets se rapportant à sainte Cécile, d'après le Dominiquin, Le Sueur, Raphaël, etc. Quatre pièces.

79 — M. R., l'âne comme il n'y en a pas. Belle épreuve avant
la lettre, à l'état d'eau-forte pure.

80 — Sujets religieux. Vingt pièces.

81 — Médailles. Souverains. Vingt-quatre pièces. Belles
épreuves.

DUFLOS

82 — La Vierge, d'après le Dominiquin, — La Foi, — Les
Saints, etc. Huit pièces.

DUPLESSIS-BERTAUX

83 — Promenade au haras d'après C. Vernet, — L'Avarice.
Deux pièces dont la première avant la lettre. Belles
épreuves.

84 — Vues de villes italiennes. Douze pièces.

DURER (A.)

85 — Le Groupe des quatre femmes nues. Belle épreuve.

EAUX-FORTES MODERNES

86 — *Appian*. Les Sources de l'Albarine. Très belle épreuve
avant la lettre, sur japon. Signée.

87 — La même estampe. Très belle épreuve.

88 — Port de San-Remo, — Retour de pêche à Collioure.
Deux pièces. Belles épreuves avant la lettre, sur japon.

89 — Les mêmes estampes. Très belles épreuves.

90 — *Gazette des Beaux-Arts*. Quinze pièces avant la lettre.

91 — Eaux-fortes par Lançon, Chauvel, etc. Sept pièces.

92 — Portraits par Unger, Courtry, etc. Dix pièces.

EAUX-FORTES MODERNES

93 — Eaux-fortes par Flameng, Hédouin, etc. Six pièces.

94 — Eaux-fortes de l'*Art* et de la *Gazette*. Vingt pièces.

ÉCOLE FRANÇAISE

95 — Sujets divers. Huit pièces. Belles épreuves.

96 — Sujets divers par Fragonard, Leprince, etc. Huit pièces. Belles épreuves.

ÉCOLE ITALIENNE

97 — Sainte Famille, — Saint Jérôme, — Les Mages, etc. Six pièces d'après le Tintoret.

EISEN - CHOFFARD

98 — Ex libris de Buissy, — D'Arconville. Deux pièces, rares.

FATOU (Chez)

99 — La Mère intéressante. Très belle épreuve, marges.

FLAMENG

100 — Jeune femme, d'après Stevens. Très belle épreuve sur japon.

101 — Hassan et Namouna. Très belle épreuve avant la lettre, sur chine.

102 — Sauvée! Très belle épreuve avant la lettre.

FOKKE

103 — Arrivée d'un prince dans un palais illuminé. Très belle épreuve avant la lettre.

104 — Représentation de la cérémonie du mariage de Son Altesse le prince de Nassau. Très belle épreuve. Rare.

FORSTER

105 — Les Trois Grâces, d'après Raphaël. Très belle épreuve.

FORSTER-LORICHON

106 — Camées, statuettes. Trente et une pièces avant la lettre. Très belles épreuves.

FRAGONARD

107 — La Faible Résistance ou le Verrou, — L'Amant victorieux. Deux pièces. Belles épreuves coloriées du temps.

108 — Sacrifice de Callirhoé, par Danzel. Grand in-fol. en largeur. Très belle épreuve toutes marges.

109 — La Résistance inutile, — Bacchanales, etc. Quatre pièces. Belles épreuves.

110 — Le Mari battu et content, — Le Paysan qui avait offensé son seigneur. Deux pièces. Belles épreuves.

111 — Le Chevalet renversé. In-fol. en travers. Très belle épreuve montée en dessin.

FREUDEBERG

112 — Le Gage de la fidélité, par Voyez le Jeune. Très belle épreuve, marges.

GAILLARD

113 — Le pape Léon XIII, — La Vierge au donateur. Deux pièces. Belles épreuves.

GAVARNI

114 — Les douze Mois de l'année. Belles épreuves.

GAUCHEREL

115 — Monuments de la Grèce d'après Duban. Très belle épreuve avant la lettre, sur chine.

GEOFFROY

116 — Intérieur d'un harem d'après Diaz. Très belle épreuve avant la lettre, sur chine.

GÉRARD (Mlle)

117 — Dors, mon enfant. Très belle épreuve, toutes marges.

GOLTZIUS

118 — Le Porte-étendard. Belle épreuve.

119 — Les Apôtres et divers. Dix-huit pièces.

GONCOURT (De)

120 — Masque de Rousseau. Très belle épreuve sur Japon.

121 — Sujets d'après Boucher, Fragonard, Prudhon. Quatre pièces. Belles épreuves.

GOYA

122 — Caprices. Quatre pièces. Belles épreuves.

GRANVILLE

123 — Voyage pour l'éternité, — Métamorphoses. Vingt-cinq pièces coloriées.

124 — Caricatures diverses. Quinze pièces en noir et coloriées.

GRAVELOT

125 — Le Lecteur, par Gaillard. Très belle épreuve.

GREUZE

126 — La Paresseuse, par Moitte. Très belle épreuve, toutes marges.

127 — Le Donneur de sérénade, par Moitte. Très belle épreuve, toutes marges.

128 — La Lessiveuse, par Danzel. Très belle épreuve, toutes marges.

GRIMOU

129 — La Jeune Laborieuse, par Levillain. Très belle épreuve.

GRIMOU, GUÉRIN

130 — L'Espagnol, — La Brouille, — Le Raccommodement, Trois pièces. Belles épreuves.

HÉDOUIN

131 — Diane sortant du bain, d'après Boucher. Très belle épreuve.

HENRIQUEL-DUPONT

132 — Portrait d'homme. Très belle épreuve avant la lettre.

HORTEMELS (M.)

133 — Cloître de Port-Royal. Huit pièces et le titre. Très belles épreuves.

HUET

134 — L'Amour offrant des présents à Ariane, — Offrande présenté par l'Amour à la Fidélité, en couleur. Deux pièces par Bonnet. Très belles épreuves.

135 — Les Amours rendant l'hommage à Vénus, en couleur. Très belles épreuves, marges.

136 — La Fidélité couronne l'Amour, — Les Grâces enchaînées, etc. Trois pièces. Belles épreuves, marges.

137 — Le Printemps, — L'Été, — La Déclaration. Trois pièces. Belles épreuves.

138 — L'Amant pressant, — L'Amant écouté. Deux pièces. Belles épreuves.

HURET

139 — Représentation de l'image miraculeuse de Notre-Dame de Liesse. Très belle épreuve. Rare.

JACQUEMART

140 — Richard Wallace, d'après Baudry. Très belle épreuve avant la lettre.

141 — Exécution au Japon, titre, etc. Trois pièces. Belles épreuves avant la lettre.

142 — L'Écureuil et la mouche, — Avant le bal. Titre, etc. Trois pièces. Belles épreuves.

KILIAN

143 — Saint Jean Baptiste, — Massacre des innocents, etc.
Cinq pièces.

LANCRET

144 — Dans cette aimable solitude, par Cochin. Très belle
épreuve.

145 — La Belle grecque par Schmidt. Très belle épreuve,
marges.

LAVREINCE

146 — Le Billet doux, par de Launay. Très belle épreuve,
marges.

147 — Qu'en dit l'abbé? par de Launay. Très belle épreuve,
marges.

LECOMTE

148 — Histoire de Sargines, deux pièces en couleur. Belles
épreuves, grandes marges.

LEGRAND

149 — Caroline de Lichtfield en couleur. Très belle épreuve,
marges.

LITHOGRAPHIES

150 — Par Coignet, Robert. Trente-sept pièces.

151 — Par Bonington, Lamy, Wild, etc. Vingt-sept pièces.

152 — Par Charlet, Raffet, etc. Vingt-deux pièces.

153 — Par Charlet. Seize pièces.

MALLERY (De)

154 — Sujets religieux. Trente pièces.

MARTINET

155 — Les Amants heureux, — Le Colin-Maillard, etc. Trois
pièces. Très belles épreuves.

MELLAN (C.)

156 — Saint François, — Horace, etc. Six pièces.

MOREAU (LE JEUNE)

157 — J'en accepte l'heureux présage, par Trière. Très belle épreuve, grandes marges.

158 — Vue d'un parc, par E. Saugrain. Très belle épreuve avant la lettre, les noms des artistes tracés à la pointe.

159 — Couronnement de Voltaire sur le Théâtre français par Gaucher, belle épreuve.

MORLAND

160 — Louisa. Deux pièces en couleur. Belles épreuves, grandes marges.

MOUCHET

161 — Le Réveil importun, par Darcis, en couleur. Belle épreuve, marges.

OESTERREICH

162 — Recueil de gravures, d'après les tableaux du comte de Brulh. Dix-huit pièces.

PIÈCES HISTORIQUES

163 — Arrestation de la duchesse de Berry, sujets relatifs à son mariage, etc. Huit pièces.

164 — Exécution de Marie-Antoinette, — Procès de Louis XVI, etc. Six pièces, rares.

165 — Critique sur l'école des beaux-arts, etc. Quatre pièces.

166 — Sur la Restauration, — Louis-Philippe, etc. Quinze pièces,

167 — Les droits de l'homme, — La France sauvée, etc. Cinq pièces.

POTTER

168 — Le Pâtre, — La Récureuse. Deux pièces in-fol. en largeur, en couleur. Belles épreuves.

POUGET

169 — Les Grâces. Frontispice d'un ouvrage dédié à Mme la marquise de Marigny. Très belle épreuve, rare.

PREVOST

170 — Louis XIV bénissant Louis XV. Deux pièces dont une avant la lettre. Belles épreuves.

RAMBERG

171 — Enfants traversant un ruisseau, en couleur. Belle épreuve, marges, rare.

REMBRANDT (Par et d'après)

172 — Sujets divers. Seize pièces.

SADELER

173 — Pan et Sirynx, sujets divers. Cinq pièces. Belles épreuves.

SAINT-AUBIN

174 — Le Laocoon. Très belle épreuve, toutes marges, rare.

TENIERS

175 — Singeries. Six pièces. Belles épreuves.

TRESCA

176 — Danse champêtre, — Apollon et les bergers. Deux pièces in-fol. en couleur. Belles épreuves.

TROY (De)

177 — L'Ornement de l'esprit et du corps, par Surugue. Très belle épreuve, grandes marges.

VERNET (C.)

178 — Les Ennuyés chez eux, par Coqueret. Très belle épreuve en couleur.

VERNET (C.)

179 — Les Gastronomes en jouissance. Très belle épreuve en couleur.

180 — Campagne des Français. Soixante planches. Album relié.

VERNET (JOSEPH)

181 — Port de Bordeaux, — Port de Toulon. Deux pièces. Belles épreuves, marges.

VINCENT

182 — Arlequin afficheur, — Barré Desfontaines, Radet. Très belle épreuve, marges.

VIGNETTES

183 — *Borel.* — Suite complète pour le baron de Trenck. Neuf pièces, toutes marges.

184 — *Duplessis-Bertaux.* — Contes de La Fontaine. Sept pièces. Belles épreuves.

185 — *Eisen.* — Métamorphoses d'Ovide. Cinq pièces. Belles épreuves.

186 — Pour Dorat et divers. Quinze pièces.

187 — Pour les contes de La Fontaine. Trois des pièces refusées. Très belles épreuves.

188 — Contes de La Fontaine. Trente-deux pièces. Très belles épreuves.

189 — *Eisen Gravelot.* — Contes de Boccace. Douze pièces. Avant les numéros.

190 — Contes de Boccace. Vingt et une pièces. Très belles épreuves.

191 — *Gravelot.* — Pour Corneille. Vingt pièces et le portrait. Très belles épreuves, toutes marges.

192 — Pour Marmontel, Boccace, etc. Vingt pièces.

VIGNETTES

193 — *Marillier-Monnet.* — Frontispices ornementés pour J.-J. Rousseau. Dix pièces, toutes marges.

194 — *Moreau le Jeune.* — Pour J.-J. Rousseau. Sept pièces dont quatre avant la lettre.

195 — Pour Raynal. Dix pièces.

196 — *Moreau-Lebouteux.* — Pour les chansons de Laborde. Quatre pièces.

197 — *Saint Quentin.* — Mariage de Figaro. Quatre pièces plus trois pièces pour Beaumarchais. Sept pièces. Belles épreuves.

198 — *Tabatières* (Pièces dites). — Sujets gracieux. Sept pièces. Très belles épreuves, toutes marges.

199 — *T. Johannot.* — Pour Walter Scott Cooper. Vingt-quatre pièces avant la lettre.

200 — *Raffet.* — Histoire de la Révolution. Trente pièces.

201 — Diverses pour Molière, J.-J. Rousseau, Virgile, etc. Cent cinquante pièces.

202 — *Ex-libris.* — Seize pièces, rares.

203 — *Médailles.* — Deux cent douze sujets sur cinquante-trois feuilles.

VUES.

204 — Paris et Versailles. Six pièces coloriées.

205 — Par Silvestre Perelle, etc. Quarante-deux pièces.

206 — Cantons de Lucerne. Deux pièces.

207 — Principales villes de l'Europe. Cinquante-quatre pièces.

208 — Amsterdam. Six pièces en couleur. Très belles épreuves.

WATTEAU

209 — Du bel âge ou les jeux, etc. Belle épreuve, marges.

210 — Le Naufrage. Très belle épreuve avec l'adresse de Gersaint.

WATTEAU

211 — L'Enjoleur, — Le Frileux. Deux pièces arabesques en hauteur. Belles épreuves.

212 — Pierrot, — Arlequin. Deux pièces arabesques en hauteur. Belles épreuves.

213 — Colombine. Arabesque en hauteur. Belle épreuve.

214 — La Déesse. Arabesque en hauteur. Belle épreuve.

215 — Panneau décoratif, — Danse des Amours, — La Sculpture, etc. Cinq pièces. Belles épreuves.

216 — Costumes divers. Douze pièces. Très belles épreuves, toutes marges.

WINKLESS.

217 — Bal à la cour. Très belle épreuve, marges.

DESSINS

218 — *Anonymes.* — Diane et Calisto, — Scènes champêtres, etc. Cinq pièces. Aquarelle.

219 — *Boucher.* — Paysage, — Groupe d'amour. Deux pièces. Crayon noir.

220 — *Draner.* — Garde nationale à cheval. Aquarelle signée.

221 — Le Dernier Blondel. Aquarelle signée.

222 — Un Loup de mer. Aquarelle signée.

223 — Un Anglais à Paris. Aquarelle signée.

224 — Un Écossais. Aquarelle signée.

225 — Officier de pompiers. Aquarelle signée.

226 — Un Pompier. Aquarelle signée.

227 — *Gillray.* — Scène d'élection. Aquarelle.

228 — *Isabey.* — Grotesques. Quatre pièces. Aquarelle.

229 — *Kauffmann.* — Sujet gracieux. A l'encre de chine.

230 — *Lecarpentier.* — Vue de Rouen, — Paysages. Trois pièces. A l'aquarelle.

231 — *Müller.* — Panneau décoratif. Aquarelle gouachée.

232 — Fleurs. Vingt-cinq pièces. Aquarelle.

233 — *Ornements.* — Intérieurs d'appartement. Cinq pièces. Aquarelle.

234 — *Perignon.* — Bataille de Missolonghi. Épisodes de la guerre de Grèce. Trois dessins à la sépia.

235 — *Rubens.* — Triomphe de Silène. Dessin à la pierre noire.

236 — *Saint-Aubin.* — Costumes, — Paysage. Deux dessins, sanguine, encre de Chine.

237 — *Thénot.* — Voiture de messagerie. Jolie aquarelle signée.

238 — *De Vailly.* — Intérieur d'appartement. Aquarelle signée.

239 — Fac-similés d'après A. Durer. Cinq pièces.

240 — Sous ce numéro, il sera vendu en lots un nombre considérable de gravures et de dessins.

Paris. — Typ. PILLET et DUMOULIN, 5, rue des Grands-Augustins.

www.ingramcontent.com/pod-product-compliance
Ingram Content Group UK Ltd.
Pitfield, Milton Keynes, MK11 3LW, UK
UKHW022344170726
13837UKWH00005BA/2404